Ibáñez, José Roberto
La campaña de Boyacá / José Roberto Ibáñez. -- Santafé de Bogotá: Panamericana Editorial, 1998.
100 p.: il.; 21 cm. -- (Cuadernillos de historia)
Incluye bibliografía.
ISBN 958-30-0512-6
1.Colombia - Historia – Guerra de independencia, 1810-1819
2. Batalla de Boyacá, 1819 I. Tít. II. Serie
986 cd 19 ed.
AGL5474

CEP-Biblioteca Luis Ángel Arango.

La Campaña de Boyacá

General (r) José Roberto Ibáñez
Historiador

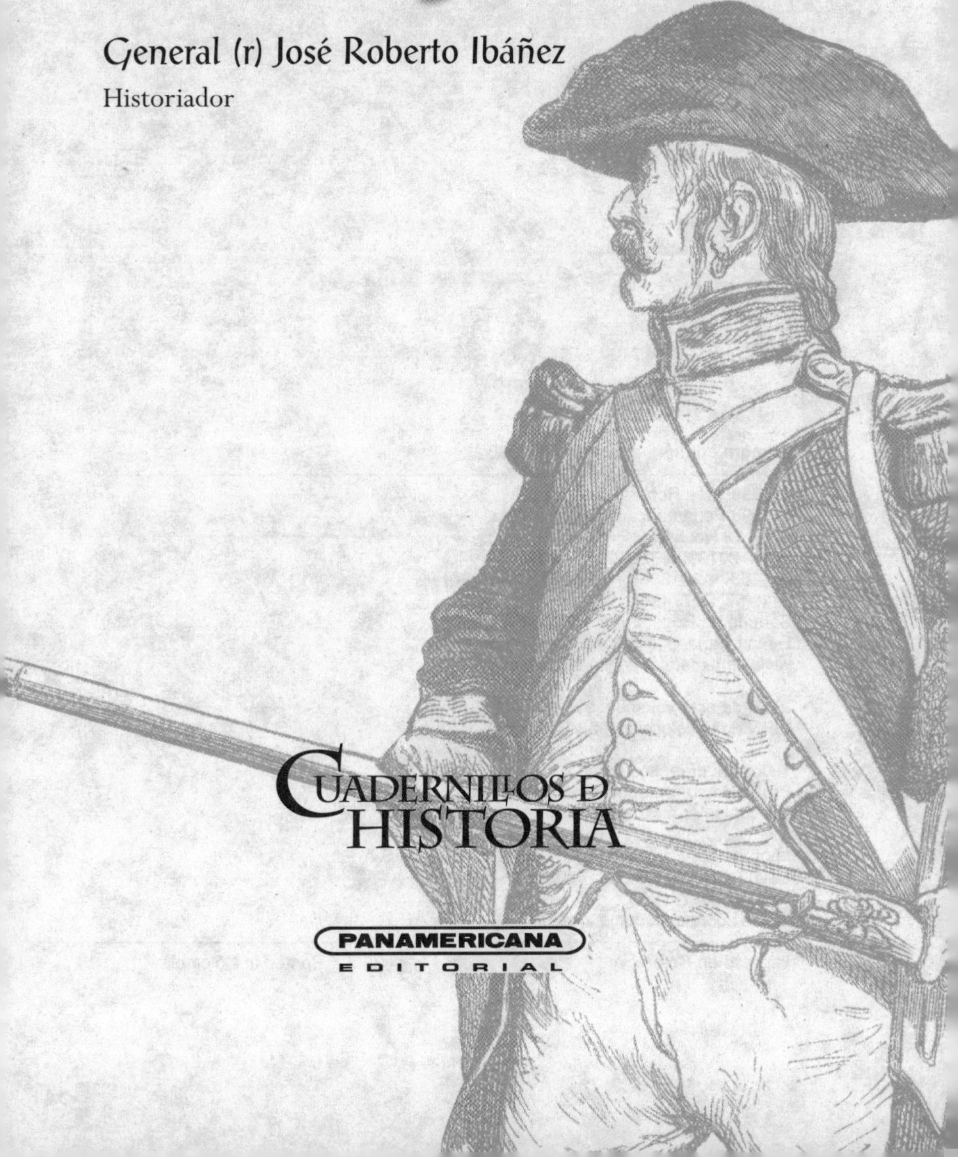

Cuadernillos de Historia

PANAMERICANA
EDITORIAL

Editor
Panamericana Editorial Ltda.

Dirección editorial
Alberto Ramírez Santos

Coordinación y edición del proyecto
Andrés Olivos Lombana

Diseño y diagramación
® Marca Registrada

Reprografía
Arsenio Palencia

Primera edición, diciembre de 1998

Calle 12 No. 34-20
PBX: 2019900 (2010343 - 2017154 - 2012037 - 2013868 - 2016551 - 2011766)
Fax: (57 1)2774991
Santafé de Bogotá, D.C., Colombia
E-mail: panaedit@andinet.com
www.panamericanaeditorial.com.co

ISBN de este volumen: 958-30-0512-6
ISBN de la colección: 958-30-0478-2

Impreso por Panamericana Formas e Impresos S.A.
Calle 65 No. 94-72 Tel.: 4302110 - 4300355
Fax: (57 1)2763008
Quien sólo actúa como impresor.

Impreso en Colombia Printed in Colombia

Contenido

Introducción

La Campaña Libertadora de 1819, que culminó el 7 de agosto en la Batalla del Puente de Boyacá, es el hecho más trascendental de nuestra historia y constituye la mejor demostración de lo que los colombianos podemos hacer cuando estamos motivados por nobles sentimientos y dirigidos por grandes y auténticos líderes. Un ejército conformado por labriegos de nuestras montañas andinas y rústicos jinetes de nuestras llanuras orientales, regularmente armado y peor vestido, pero magníficamente liderado por Bolívar y Santander, es decir, pobre en apariencia pero grande en valor, escribió en Boyacá las páginas más gloriosas de nuestra historia.

Antecedentes

En 1815 y 1816, el ejército expedicionario del general Pablo Morillo derrotó a los ejércitos de la primera República y ocupó la Nueva Granada y Venezuela. Los restos del ejército patriota pudieron sobrevivir en la extensión de las llanuras de la Orinoquia, amparados en su extensión geográfica. Allí, Francisco de Paula Santander, José Antonio Páez y otros caudillos patriotas detuvieron a las fuerzas españolas y conformaron una aguerrida organización militar.

Mientras tanto, en las Antillas, Simón Bolívar reconstruyó las bases materiales y espirituales de la lucha por la independencia y procuró el apoyo exterior, principalmente de la Gran Bretaña y de algunos personajes como Alejandro Petión, el presidente de Haití, y de Luis Brion, comerciante de Curazao, quienes le proporcionaron material de guerra, recursos y buques para realizar las dos expediciones de los Cayos. La primera fracasó debido al caudillismo de algunos de sus generales, pero la segunda tuvo pleno éxito y le permitió al Libertador ocupar la ciudad de Angostura,

Luis Brión.

llave estratégica del bajo Orinoco, donde estableció su base de operaciones, es decir, su epicentro político y administrativo.

Una vez consolidado su liderazgo y organizado el gobierno republicano, Bolívar, motivado por su afán de libertar a Caracas, emprendió desde Angostura la infortunada campaña de Venezuela de 1818, que por terminar en una derrota militar lo obligó a regresar al Orinoco para reorganizarse militarmente y replantear su estrategia y objetivos de guerra.

Causas

Fue a mediados del año 1818 en Angostura, cuando el Libertador ya identificado con la realidad político-estratégica de la guerra, concibió la Campaña Libertadora de la Nueva Granada. Para ello ascendió a general de brigada al coronel Francisco de Paula Santander, quien servía en su Estado Mayor y después lo envió a los llanos de Casanare con el material de guerra necesario para armar y organizar una división.

Las razones de este viraje político-estratégico fueron por demás lógicas. Venezuela estaba entonces ocupada por la principal fuerza del ejército español al mando del propio general Morillo, que cuando menos cuadruplicaba numéricamente al ejército patriota. Además, en la zona andina la caballería llanera no tenía la superioridad necesaria para vencer a la aguerrida infantería española, aún reputada como la mejor de Europa. En cambio, la Nueva Granada sólo estaba guarnecida por la Tercera División realista bajo el mando del coronel José María Barreiro, cuyos efectivos sólo alcanzaban a tres mil hombres.

Bolívar instala el Congreso de Angostura; diciembre de 1819.

Otro aspecto que favoreció tal concepción estratégica fue la situación que enfrentaba Venezuela, exhausta y arruinada a consecuencia de la guerra a muerte que había tenido allí su más cruel expresión; sus comerciantes, labriegos, agricultores y mineros, después de abandonar ciudades y campos, habían huido a los montes para escapar del exterminio. En cambio la Nueva Granada, pese al régimen del terror, mantenía sus recursos agrícolas, ganaderos y mineros en un buen nivel productivo. Por esta razón se constituía en el objetivo estratégico decisivo para desequilibrar política, económica y militarmente al poder español en Hispanoamérica. Su liberación le permitiría a Bolívar obtener los recursos humanos, espirituales y materiales necesarios para proseguir la guerra por la independencia en todas las direcciones.

Además, la población de la Nueva Granada, con excepción de las provincias de Santa Marta y Pasto, era partidaria de la causa libertadora, por lo cual en su territorio se habían organizado un sinnúmero de guerrillas patriotas que permanentemente hostigaban al ejército español y, en ocasiones, lograban interrumpir sus comunicaciones.

"¡Granadinos! El día de la América ha llegado y ningún poder humano puede retardar el curso de la naturaleza, guiado por la mano de la Providencia. Reunid vuestros esfuerzos a los de vuestros hermanos... El sol no completará el curso de su actual período, sin ver en todo vuestro territorio altares levantados a la libertad".

Bolívar. Proclama a los granadinos del 15 de agosto de 1818.

Como el invierno en los llanos imponía disgregar el ejército en pequeños grupos para facilitar su abastecimiento, era necesario tomar una resolución. El éxito del plan dependía de lograr la sorpresa estratégica sobre el nuevo objetivo, es decir, el Libertador debía aprovechar la próxima estación de lluvias no para disgregar sus fuerzas, sino para marchar con ellas hacia la Nueva Granada sin que Morillo lo sospechara, so pena de quedar entre dos fuegos o impedido de movilizarse en las sabanas anegadas.

Por tanto, las consideraciones negativas también eran de peso. No sólo por la dificultad de movimiento en los llanos inundados sino, sobre todo, por el formidable obstáculo de la cordillera oriental, cuyos helados e inhóspitos páramos eran un gran obstáculo para los llaneros, quienes ni siquiera sospechaban que existiera una naturaleza tan distinta a la suya.

Santander en Casanare

Entusiasmado con su nueva misión, el general Santander zarpó de Angostura el 26 de agosto de 1818, trayendo en cuatro buques a varios oficiales neogranadinos que peleaban en Venezuela, 1000 fusiles, pólvora y un pequeño taller de armería.

En Guasdualito, Santander, prevenido de la indisciplina y altanería del coronel Nonato Pérez, nombrado por Bolívar como comandante de la caballería de Casanare, omitió llamarlo a su servicio, pero le ordenó que le enviara al coronel Pedro Fortoul y a otros oficiales que servían a su mando.

Al llegar a Casanare Santander se dedicó a reunir, organizar y disciplinar las diferentes agrupaciones militares existentes, las cuales, actuando de manera dispersa e independiente, a duras penas se entendían frente a los españoles. El coronel Antonio Arredondo, español de nacimiento que servía a la causa de la libertad, se encontraba con su batallón de infantería en Zapatos, rebelado contra la autoridad del general Páez y del coronel Moreno; el capitán José Leal, a su vez, se había separado con su compañía del mando de Arredondo, mientras la caballería, casi desnuda y sin alimentos, se dedicaba a conseguir comida de los españoles o bien del pillaje en pequeños grupos.

Con el rigor y constancia que la situación exigía, Santander se dio a conocer de todos los jefes y oficiales, a agruparlos y a formar un verdadero ejército de aquellas montoneras semibárbaras e indisciplinadas.

Con la compañía del capitán Leal creó un nuevo batallón de infantería que puso a órdenes del coronel Antonio Obando, y reunió la caballería para formar un escuadrón bien montado. Una vez reorganizadas, ubicó estas unidades en lugares estratégicos para que se instruyeran, disciplinaran, abastecieran y estuvieran listas para el combate en el menor tiempo posible.

Con tales disposiciones y ponderable acción, Santander logró organizar la División de Vanguardia con dos batallones de infantería, cada uno integrado por cerca de 500 hombres y varios escuadrones de caballería que superaban los 1000 hombres, bien instruidos y disciplinados.

Aquella división no tardó mucho en demostrar su espíritu combativo. El coronel Barreiro, avisado de la presencia y actividad de Santander, se dispuso a invadir Casanare. Los patriotas dejaron que la Tercera División realista penetrara en la sabana y a medida que

José María Barreiro, coronel español.

su movimiento progresaba se los hostigaba con más frecuencia, y se arrasaban las tierras por donde tenían que pasar los españoles, dejándolos sin ganado ni agricultura. De esta manera, los invasores no ocupaban otro terreno que el que cubrían sus columnas, enfrentando serios problemas de abastecimiento.

Diezmada por las enfermedades y los frecuentes ataques de los llaneros, y desmoralizada ante un enemigo que sólo encontraba fugazmente, la tercera división realista no tuvo otro recurso que regresar hacia la cordillera por el mismo camino. Su propio comandante, el coronel Barreiro, no pudo escapar de aquel infortunio, pues fue atacado de paludismo y tuvo que permanecer en Tunja durante varios meses, recuperándose de la enfermedad. Esta circunstancia pudo influir para que no saliera a tiempo a contener al Ejército Libertador, cuando a comienzos de julio apareció sorpresivamente en la provincia.

Planeamiento y organización militar

Cuando el Libertador fue notificado por el coronel Jacinto Lara del brillante estadio de la División de Vanguardia en Casanare, el 21 de mayo de 1819, reunió a su Estado Mayor en una choza desierta de la aldea de Setenta, a orillas del río Apure, para analizar la situación y acordar el plan de campaña.

Sentados sobre las calaveras de unas vacas que los españoles habían sacrificado tiempo atrás, los oficiales del Estado Mayor del Ejército Libertador escucharon con atención a Bolívar y luego aceptaron la idea estratégica consolidada en su cerebro: marchar sobre la Nueva Granada mediante una operación por líneas exteriores, es decir, con tres columnas avanzando a manera de tenaza sobre el interior de su territorio. El general Páez con la caballería por los valles de Cúcuta, Pamplona y Soatá; Santander con la División de Vanguardia por el valle de Tenza hacia Tunja, y Bolívar con el grueso y la retaguardia por la Salina y Chita hacia Soatá.

"Catorce cargas consecutivas sobre mis cansados batallones me hicieron ver que aquellos hombres no eran una gavilla de cobardes, poco numerosa como me lo habían informado, sino tropas organizadas que podían competir con las mejores de Su Majestad".

Carta de Morillo al rey de España, después del combate del Yagual.

El fracaso del general Páez en el combate de Guaca que le impidió llegar a Cúcuta, o quizá su renuencia a salir de los Llanos donde se sentía invencible, en la práctica hizo cambiar el plan anterior a una operación por líneas interiores, es decir, avanzando en una sola dirección hacia el centro del territorio neogranadino.

El ejército de Bolívar emprendió la marcha el 27 de mayo, desde Mantecal, en el Apure, hasta Casanare. Después de siete jornadas en las cuales caminó 300 kilómetros, el 3 de junio llegó a Guasdualito y el 4 cruzó el río Arauca por la población del mismo nombre. Aquí empezó el viacrucis del ejército, porque las lluvias habían comenzado con todo su rigor; los arroyos que apenas mantenían un hilo de agua en el verano ahora se salían de su curso e inundaban la sabana. Con el fin de cruzar este río y los que siguieron después, fue necesario construir botes de cuero para evitar la humedad en las armas, municiones y parque, mientras los hombres nadaban o caminaban durante varias horas con el agua hasta la cintura.

Bolívar llegó a Tame el 11 de junio, donde fue recibido por el general Santander, quien le dio un detallado informe de la situación del enemigo, pues se mantenía al tanto de lo que pasaba en la Nueva Granada gracias a las guerrillas patriotas que proliferaban en su interior y alimentaban sus fuerzas y la inteligencia militar de su división.

Simón Bolívar, estratega militar y conductor de la Campaña Libertadora.

En Tame, Bolívar consolidó la organización del Ejército Libertador con su Estado Mayor a las órdenes del general Carlos Soublette y dos divisiones, la primera de vanguardia a las órdenes del general Santander y la segunda como grueso y retaguardia bajo el mando del general José Antonio Anzoátegui.

La División de Vanguardia, que en su mayoría estaba integrada por neogranadinos, constaba de cerca de 1000 hombres de infantería organizados en dos batallones: el Cazadores al mando del coronel Antonio Arredondo y el Primero de Línea de la Nueva Granada a las órdenes del coronel Antonio Obando. La caballería se había reducido por las deserciones a tres escuadrones de algo más de 100 hombres cada uno; el de Guías del teniente coronel Santiago Béjar, el Primero de Lanceros del teniente coronel Manuel Ortega y el Segundo de Lanceros del teniente coronel Antonio María Durán. El jefe del Estado Mayor divisionario era el coronel Pedro Fortoul y el comandante de la artillería el capitán José María Cancino.

La división de retaguardia tenía como jefe del Estado Mayor al joven antioqueño teniente coronel José María Córdova y constaba de dos brigadas: la primera al mando del coronel Francisco de Paula Alcántara, compuesta por dos batallones de Infantería, el Rifles del coronel Arthur Sanders y el Barcelona del coronel Ambrosio Plaza, y por el regimiento de Guías del Apure del teniente coronel Hermenegildo Mujica y la compañía de Dragones del sargento mayor Juan Mellao. La Segunda Brigada, al mando del coronel James Rooke, estaba compuesta por dos cuerpos de infantería: el Bravos de Páez del coronel Cruz Carrillo, y la Legión Británica del sargento mayor John Mackintosh y por los dos escuadrones de caballería del Llanoarriba a las órdenes de los coroneles Juan José Rondón y Leonardo Infante. Más de 2000 hombres conformaban el grueso y la retaguardia.

En total, el Ejército Libertador contaba en Tame con alrededor de 3500 hombres, que poco a poco se fueron reduciendo a medida que aumentaron los padecimientos de la travesía, y con ellos las enfermedades, el frío insoportable, la muerte y más deserciones entre los llaneros ante el temor de enfrentarse a una naturaleza desconocida y hostil.

Conviene destacar el aporte de Inglaterra a esta campaña y, en general, a la guerra de independencia hispanoamericana. Si bien es cierto que su apoyo estuvo motivado por intereses comerciales, propios de su condición de primera potencia naval y mercantil de la época, los hombres que vinieron a combatir con el Ejército Libertador eran veteranos de las guerras contra Napoleón, románticos, liberales, altruistas y hasta filántropos. Además, los dos centenares de hombres de la Legión Británica que participaron en esta campaña fueron muy importantes para organizar y disciplinar al Ejército Libertador en las tácticas modernas.

En Tame, Bolívar, a pesar de desconocer la suerte de la columna del general Páez, pero intuyendo su resistencia a salir de los Llanos, resolvió marchar por la cordillera con todo el ejército en una sola dirección, hacia el interior de la Nueva Granada.

De norte a sur existían tres rutas posibles para lograr este propósito: la vía de la Salina y Chita a Soatá, que geográficamente era la más expedita por sus tolerables condiciones de clima y transitabilidad, pero que por ser la más poblada estaba bien vigilada por un destacamento de 600 hombres del ejército español; y la segunda, la de Paya y el páramo de Pisba que desembocaba en Socha, que presentaba las mayores dificultades por lo inhóspita y helada, defendida por un destacamento de cerca de 200 hombres; la tercera vía era la de Labranzagrande a Sogamoso, que el comandante Barreiro consideraba la de mayor riesgo y, por tanto, defendida con un fuerte destacamento de 300 hombres. Con el fin de lograr la sorpresa estratégica, Bolívar resolvió seguir la segunda ruta.

Combate de Paya

La marcha escalonada del Ejército Libertador comenzó el 18 de agosto desde Tame hasta Pore, capital de la provincia. El lugar fue alcanzado por la vanguardia tres días después, en medio de torrenciales aguaceros que en el piedemonte de la cordillera dificultaban el paso y hacían en extremo peligroso el cruce de los ríos y quebradas, por la rapidez de la corriente y las piedras sueltas que rodaban hacia los vados. El 23 de junio atravesó el río Pauto, donde perdió varias cabalgaduras y parque, pero llegó en las horas de la noche a la meseta del Tablón, donde el frío comenzó a hacerse sentir en las horas de la noche y la madrugada.

El 27 de junio, desde las horas de la mañana, la vanguardia libertadora avanzó sobre la sabana de Chitacoba o páramo de los Llaneros. Este avance fue observado por el comandante realista de Paya, sargento mayor Juan de Figueroa y Ladrón, quien tenía la misión de retardar cualquier incursión de los «insurgentes», como los españoles solían llamar a los patriotas, y dar aviso oportuno a Barreiro para salir a su encuentro.

El caserío de Paya se encuentra ubicado sobre una pequeña meseta, que forma uno de los brazos montañosos que descienden de la cordillera. A unas cuatro cuadras al suroeste del poblado, sobre un cañón más o menos profundo, corre el río Payero, que por la época sólo daba paso por un puente construido sobre el camino a Labranzagrande. Un kilómetro y medio al noreste de Paya, sobre un alto que domina el poblado y todo el contorno, había una fortificación en forma de estrella, construida en piedra por los indios támaras cuando en 1782 se alzaron en apoyo de la insurrección comunera. Dicha fortificación tenía un subterráneo que comunicaba con el parque, y una puerta que daba acceso al camino hacia el páramo de Pisba. El jefe realista dispuso la defensa del volador con 50 hombres, dejó otros 25 en el poblado y él se parapetó en el puente sobre el río Payero, para garantizar su repliegue hacia Labranzagrande.

Con el fin de atacar la posición realista, cuya fuerza estaba muy bien protegida por la topografía, la división de vanguardia hizo un alto a las once de la mañana, mientras el general Santander se reunía con sus oficiales para planear la maniobra táctica.

Con el Batallón Cazadores dispuso el ataque en dos direcciones: uno comandado por el coronel Arredondo por el flanco, en busca de la montaña que dominaba el trincherón, cuyo avance estaba protegido de la observación enemiga por bosques más o menos densos; y el otro comandado por el segundo jefe del

Cazadores, sargento mayor Joaquín París, con el apoyo de un grupo de jinetes del escuadrón de Guías a las órdenes del capitán Juan José Reyes Patria, que avanzó hacia el caserío de Paya.

La coordinación de la maniobra de estos dos ataques y el espíritu combativo del Batallón Cazadores, pronto arrojó sus frutos. Los españoles resistieron algún tiempo en el trincherón y en el poblado, pero preocupados por garantizar su retirada se replegaron sobre el puente del Payero, después de haberles causado algunas bajas al Cazadores. Fueron pocas, por cierto, pero muy sensibles: el capitán Diego Esparragoza, los tenientes Félix Blanco, Bautista Cruzate y Eusebio Antolines, los dos primeros héroes de las Queseras del Medio, y el valeroso sargento Ignacio Terco. Según el parte rendido por su comandante, las bajas españolas fueron de 4 muertos, 5 desaparecidos y 14 heridos.

Las consecuencias de este primer combate de la campaña libertadora fueron muy positivas para el ejército patriota, y nefastos para el español. Al primero le sirvió para despejar su ruta hacia el páramo y acrecentar su moral, que empezaba a resentirse por los obstáculos encontrados en la marcha. El segundo no cumplió su misión de retardar la incursión patriota y observar su magnitud; la preocupación de Figueroa y Ladrón por garantizar su repliegue hacia Labranzagrande le impidió ver que no sólo se trataba del ataque de un «grupo insurgente», como se lo informó inicialmente a Barreiro, sino que marchaba todo el Ejército Libertador. Cuando dos semanas después, desde Labranzagrande notificó a su jefe la real dimensión de la fuerza enemiga, ya era demasiado tarde. Bolívar había logrado rebasar el páramo y se presentaba sorpresivamente en el corazón del virreinato.

Esta consecuencia negativa del combate de Paya para el ejército español, quizá porque la historia no se construye sobre hipótesis sino sobre hechos reales, no ha sido analizada en profundidad y no podemos pensar qué hubiera pasado si Barrero, notificado a tiempo de la marcha del Ejército Libertador, hubiera salido a encontrarlo en Socha en los primeros días de julio, cuando a pedazos y exhausto llegaba a reponerse de tamaño esfuerzo.

Paso del páramo de Pisba

La vanguardia empezaba su ascenso hacia el helado páramo de Pisba, y la retaguardia apenas llegaba a Paya. Ante los obstáculos y padecimientos del ejército, especialmente sentidos por los llaneros, cuyo valor frente al enemigo era temible pero cuya incertidumbre ante la naturaleza andina resultaba angustiosa, mediante la murmuración soterrada éstos pretendieron que se diera marcha atrás. El 29 de mayo Bolívar se vio obligado a reunir a sus principales jefes en el Llano de Miguel, al pie del páramo, para decidir la continuidad de la empresa.

Los llaneros habían perdido buena parte de sus cabalgaduras, se encontraban desnudos y ateridos de frío, cuando el principal obstáculo del páramo aún no había sido superado y se erguía imponente y amenazante ante sus ojos. Pero el general Santander y el capellán de la vanguardia, fray Ignacio Mariño, con palabras llenas de fe en la causa por la libertad de la Nueva Granada, instaron la continuación de la marcha y Anzoátegui no se demoró en respaldarla. Era lo que el Libertador esperaba para proseguir la epopeya que ante los ojos del mundo lo llevaría a la gloria y a la inmortalidad.

El cruce del páramo lo inició la mitad del Batallón Cazadores a las órdenes de su segundo, Joaquín París, el 1 de julio. París tenía, además, la misión de explorar al enemigo al otro lado de la cordillera. Este grupo, y el que pasó al día siguiente, no tuvo mayores inconvenientes; sus hombres, oriundos de la región andina de la Nueva Granada, sabían que debían transitar por un gélido paraje cuya altitud limita la respiración y los movimientos rápidos, mientras el helado y penetrante viento azota sin piedad el rostro, las manos y la piel expuesta a la intemperie; que era preferible caminar a cabalgar porque la mirada siempre debe estar sobre el camino para evitar caídas o rodar a precipicios insondables, que lo importante es hacerlo pausada pero constantemente, sin detenerse para nada; que la manta y la ruana son elementos indispensables para soportar el clima. Por eso, esta unidad de neogranadinos llegó completa a Dos Quebradas, punto final y obligado del paso del páramo, y el 2 de julio el primer grupo entró al pueblo de Socha, en la provincia de Tunja.

Las gentes de esta población y de otras circunvecinas, notificadas de la presencia del Ejército Libertador, con sentimiento patriótico y llenos de entusiasmo se dieron a la tarea, con el cura párroco a la cabeza, de procurar comida y ropas a los soldados, y sobre todo, de llevar ayuda en víveres, abrigo y bestias a los hombres de la retaguardia, quienes enfrascados en el helado paraje estaban sometidos a los padecimientos que sufren quienes no han vivido en otro clima que el cálido de las llanuras. Durante esta travesía murieron cerca de 40 hombres, y otros, emparamados, tuvieron que soportar tremendas fueteras, remedio infalible para evitar el congelamiento y la muerte. Las cabalgaduras, sin poder resistir el frío ni el piso pedregoso de los Andes, rodaron por los abismos: ninguna logró pasar.

"Un cúmulo de incidentes parecía conjurarse para destruir las esperanzas de Bolívar, que era el único a quien se veía firme en medio de contratiempos tales que el menor de ellos habría bastado para desanimar a un corazón menos grande".

Daniel F. O'Leary.
Narraciones.

En medio de circunstancias tan críticas y desoladoras, la presencia de Bolívar se constituyó en un factor espiritual cuya magnitud permitió superarlas con creces. En efecto, por su elevado grado de confianza en sí mismo y por su fe en la causa de la libertad, que transmitía como poderoso alimento moral a los desfallecientes y enfermos que pretendían encontrar en la muerte un alivio a sus aflicciones y penalidades, él los motivaba a perseverar, a continuar el camino, señalándoles en el horizonte la gloria que les esperaba.

La anterior es una de las condiciones que elevan la estatura heroica de Bolívar al mismo nivel del de los

"En el Páramo de Pisba". Obra de Francisco A. Cano.

grandes capitanes de la historia universal, pero que también ha dado margen para que algunos sostengan que esta campaña, antes que una bien planeada y coordinada jornada militar, fue una epopeya gloriosa con una alta dosis de aventura, de intrepidez y de intuición genial, en particular por la imprevisión de medios para enfrentar una geografía abrupta e inimaginada. Pero de todas formas, Bolívar pudo realizarla con su corazón y mente intuitiva, de cuya extraordinaria imaginación creadora surgieron los elementos espirituales que inspiraron en sus hombres las fuerzas necesarias para vencer a la naturaleza.

En tal contexto, tampoco podemos pasar por alto los hechos aparentemente insólitos de las «Juanas», que no son extraños en los grandes sucesos épicos de la historia y que siempre son dignos de admiración y reconocimiento. Ellas eran sencillas mujeres del pueblo, cuyo patriotismo y amor a sus maridos o amantes las llevó a acompañarlos a lo largo de los caminos de la libertad americana. En esta jornada, descalzas, escasamente vestidas, algunas con sus hijos alzados, otras embarazadas, tuvieron la suficiente fuerza espiritual para escribir su propia gesta. Como lo narra O'Leary, una de ellas tuvo su parto al pie del páramo en las horas de la noche, sin que semejante esfuerzo corporal y ámbito geográfico le impidiera, al día siguiente, seguir el paso del amado.

La tercera división realista

Cuando el Libertador llegó a Socha el 7 de julio, el único batallón que se encontraba en condiciones de combatir era el Cazadores. Con él dispuso que se llevaran a cabo las medidas tácticas más aconsejables en circunstancias tan apremiantes, como eran las de indagar sobre la presencia de las distintas unidades de la tercera división realista.

Pero si las circunstancias resultaban difíciles para el Ejército Libertador, las del bando español no eran mejores. Tanto el coronel José María Barreiro como sus jefes y oficiales no sospechaban siquiera semejante operación, que le había permitido a su adversario obtener la sorpresa estratégica, factor fundamental del éxito en las operaciones militares de cualquier guerra.

Además, se había presentado una disputa entre el mando político representado por Juan Sámano, el virrey de Santafé, y el mando militar en cabeza del coronel Barreiro, como consecuencia de su fracaso en la expedición de Casanare y su poca actividad en Tunja, a pesar de saber que Barreiro se encontraba afectado por el paludismo. Por este motivo, Sámano había dispuesto el relevo de Barreiro por el coronel Sebastián de la Calzada, orden que el jefe de la Tercera División se negó a aceptar con el argumento de que él no había sido nombrado por el virrey sino por el general Pablo Morillo, que era la suprema autoridad. Este incidente fue superado, pero en los dos jefes realistas quedó el amargo sabor de la desconfianza mutua.

El coronel Barreiro, como ya lo advertimos, estableció su cuartel general en Tunja y dispuso su división de la siguiente forma: los batallones Segundo del Rey y Tercero de Numancia del coronel Juan Loño concentrados bajo sus órdenes; el batallón Primero del Rey del coronel Nicolás López en Duitama, cuerpo al cual pertenecían los destacamentos de Chita y la Salina; el Segundo de Numancia al mando del coronel Juan Tolrá atendía las guerrillas patriotas en la provincia de Tunja, y protegía las rutas de acceso a los Llanos en Labranzagrande; el batallón Tambo con 700 hombres a las órdenes del coronel Francisco Jiménez en la provincia del Socorro, ocupado en perseguir las distintas guerrillas patriotas, y el escuadrón de caballería de Dragones del Rey con 700 hombres en Zipaquirá, también en la tarea de perseguir las guerrillas independientes de Ubaté, Chocontá y Machetá.

El jefe de la tercera división española tuvo conocimiento de la presencia de Bolívar en Socha después de las escaramuzas del 7 de julio, cuando una fracción del Batallón Cazadores, enviada para recabar noticias del enemigo, sorprendió a un pequeño destacamento realista en Corrales, del cual tomó algunos prisioneros, aunque otros alcanzaron a escapar a Sogamoso donde avisaron al jefe español. De tal manera, el 9 de

Pablo Morillo, general español.

"Los tres pueblos que hemos ocupado hasta ahora, nos han recibido con muchas demostraciones de gozo y mucho entusiasmo por la libertad. Nadie ha emigrado, y todos prestan gustosamente los auxilios que se les piden. El mismo espíritu reina en todos los demás pueblos, porque iguales han sido las vejaciones de los españoles en todos ellos".

Nota de Bolívar a Soublette, del 7 de julio de 1819.

julio Barreiro marchó con las tropas que tenía disponibles en Tunja, por la vía de Sogamoso, para enfrentarse a las fuerzas patriotas que ya habían tenido tiempo de recuperarse y de cobrar parte de su capacidad combativa.

El 10 de julio Bolívar estableció su cuartel general en Tasco, desde donde envió hacia las poblaciones de Corrales y Gámeza, a dos nuevas fracciones integradas por soldados de la zona, con el propósito de difundir la presencia del Ejército Libertador en la región, y obtener la colaboración de estas gentes patriotas para observar al enemigo.

En las horas de la mañana estas fracciones tuvieron un éxito inicial frente a una avanzada española, pero en la tarde fueron sorprendidas en Corrales por la vanguardia de la columna realista del coronel Nicolás López. Cerca de 40 hombres fueron hechos prisioneros y luego conducidos ante el jefe realista, donde fueron cruelmente alanceados, atados por parejas espalda contra espalda, en el sitio de la Ramada cerca de Sogamoso. Un episodio infame de los realistas, que habría de tener posteriores repercusiones para los prisioneros españoles de Boyacá.

Por su pobre estado de presentación, estos mártires de la Ramada cobraron ante los ojos del comandante español una condición deprimente. Barreiro, oficial de artillería de cierto abolengo y magnífica presencia, acostumbrado a ver a sus enemigos uniformados, bien armados y correctamente presentados, dignos de medirse en condiciones de igualdad e imponencia, tenía que lidiar con unos andrajosos labriegos que se decían «soldados de la libertad», muchos de ellos vestidos

Carlos Soublette.

con ropas de mujer, mal armados y demacrados, que podían aparentar cualquier cosa menos una fuerza respetable y digna de medirse con las tropas del Rey. Así se expresó en una carta que escribió al virrey Sámano que estaba en Santafé, en la noche del 10 de julio.

Combate de Gámeza y Tópaga

El 11 de julio, ambos ejércitos resolvieron aproximarse buscando el combate. Bolívar dispuso la marcha de la población de Tasco a Gámeza, con el Batallón Cazadores y los pocos jinetes del escuadrón de Guías que habían logrado conseguir cabalgadura, como vanguardia; la tropa restante, que no alcanzaba a la mitad de la que había salido de Casanare, porque muchos hombres se encontraban enfermos en el improvisado hospital y otros, como los de la Legión Británica, aún se encontraban marchando por el páramo, venía detrás, escalonada a conveniente distancia.

El ejército español había pernoctado la noche anterior en los Molinos de Tópaga, desde donde inició la marcha hacia Gámeza, con el batallón Segundo de Numancia como vanguardia, el cual cruzó el puente sobre el pequeño riachuelo, encontrándose en las afueras del poblado con las primeras unidades del Cazadores. El coronel Arredondo, aprovechando el terreno favorable, ordenó el ataque e intentó cortar la retirada de los

Cuando el heroico Juan José Reyes venció en combate al capitán español sobre el puente de Gámeza, Bolívar se le acercó y le dijo: "usted no llevará más ese apellido que significa esclavitud, sino Patria". Desde aquel día este oficial se firmó Juan José Patria y más tarde Reyes Patria, como se le conoce en la historia.

realistas, pero el coronel Tolrá pudo replegarse ordenadamente hasta la ribera sur del riachuelo que había dejado a sus espaldas, donde cobró fuerzas con el batallón Primero del Rey que ya había llegado a este punto.

Mientras los dos ejércitos se organizaban, el realista para la defensiva y el patriota para el ataque, con el río Gámeza de por medio y sobre el puente, tuvo lugar un combate entre Juan José Reyes, el capitán del Guías de Casanare y un realista del mismo grado que a gritos desafiaba a la oficialidad patriota. Una vez suspendido el tiroteo, ambos enemigos se trenzaron a golpes de sable y lanza. Durante algunos minutos sólo se escuchó el repicar de los aceros, hasta cuando Reyes, herido y por lo mismo enfurecido, logró asestarle un mandoble al español, que le cortó la cabeza.

Entusiasmados con este triunfo, los patriotas intentaron cruzar el puente pero fueron rechazados por los fuegos cruzados de los batallones Numancia y Primero del Rey. Al filo del mediodía, Bolívar dispuso el ataque con el Cazadores a la cabeza y una compañía de los restantes batallones. Este ataque patriota, con la acometividad de los capitanes Vegal, Gómez y Loboguerrero, inicialmente tuvo sus frutos y logró desalojar de sus posiciones al realista; pero como se realizaba sobre un terreno escarpado y en ascenso, del que los defensores podían sacar ventajas, el avance poco a poco fue perdiendo ímpetu. En el empeño de coronar el horizonte, cayeron los capitanes Gómez y Loboguerrero, el alférez Eusebio Carvallo, abanderado del batallón, y los tenientes Ramón Barrantes y Manuel Alderete. Pero cuando casi se lograba esta hazaña, la escasez de municiones detuvo el avance, circunstancia que Barreiro aprovechó para disponer el contrataque general valiéndose de su dominio del terreno.

Este contraataque hizo retroceder a las fuerzas patriotas, y hubiera llegado la derrota de no haber sido por el Batallón Cazadores, que a pesar de haber perdido gran parte de sus oficiales se formó en cuadro, y a punta de bayoneta contuvo los ataques de todo el ejército realista, permitiendo el repliegue de las otras unidades patriotas a sus posiciones iniciales y retrocediendo, él mismo, en forma ordenada. Varias veces los batallones españoles intentaron coparlo, sin lograr penetrar en sus filas. Su jefe, el intrépido coronel Arrendondo, animaba a sus hombres espada en mano y en primera fila, y éstos le respondían con valor; así cayó este bizarro español, peleando por la libertad de su patria adoptiva.

Una vez alcanzada por los patriotas la ribera norte del río, se organizaron defensivamente. El escuadrón de Dragones del Rey se lanzó al ataque, creyendo que había llegado la hora de definir la batalla. Pero el reducido grupo de jinetes llaneros cargó con su acostumbrado coraje, obligando a sus filas a volver grupas. Como la noche se aproximaba sin que ninguno de los dos ejércitos hubiera resultado victorioso, sus jefes resolvieron dar por terminado el combate y distanciarse mutuamente con el objeto de enterrar a sus muertos, curar a sus heridos y reorganizar sus fuerzas.

El Ejército Libertador regresó por Gámeza a Aposentos de Tasco, llevando su cortejo fúnebre. A su cabeza iba el cadáver de Arredondo y toda la pléyade de oficiales neogranadinos del Batallón Cazadores, de tan bizarro comportamiento en el combate. Santander dispuso que los oficiales de la vanguardia llevaran una cinta negra en el puño de su sable durante dos días, en memoria del comandante del Batallón Cazadores. En su reemplazo designó al segundo de este cuerpo, el sargento mayor Joaquín París.

El combate de las peñas de Gámeza y Tópaga, intenso, costoso e indeciso para ambos ejércitos, tuvo sin embargo algunas repercusiones en el desarrollo de las operaciones futuras. Barreiro se dio cuenta de que su enemigo, de apariencia miserable, no era una *chusma de mendigos* sino un ejército valeroso y disciplinado, *digno de enfrentarse con las mejores tropas del Rey*. Así reconoció su error apreciativo del día anterior, en otra carta que envió a Sámano.

Después de este combate Barreiro tomó una actitud defensiva, permaneciendo a la expectativa de los movimientos del Ejército Libertador. Éste, por su parte, tomó la iniciativa estratégica y táctica y empezó a maniobrar hábilmente, es decir, a moverse según sus propósitos de tomar contacto con los núcleos guerrilleros patriotas para reforzarse con ellos, apoderarse de las regiones más ricas y pobladas de la provincia o tratar de aislar a Barreiro cortándole sus comunicaciones con Santafé.

De esta manera, Bolívar realizó desde Tasco un movimiento operativo que habría de reportarle amplias ventajas. Se movió por los ubérrimos valles de Cerinza hasta los no menos fértiles de Duitama, con la doble finalidad de contactarse con las guerrillas del Socorro para acrecentar sus fuerzas y dislocar las comunicaciones de Barreiro con Sámano, sin asumir del todo la ofensiva porque la Legión Británica y parte del parque y municiones aún no habían llegado de Pisba.

Barreiro estaba desconcertado con la anterior maniobra, y para contrarrestarla se movió rápidamente desde Tópaga, donde había establecido su cuartel general hasta Paipa, población que ocupó el 18 de julio, mientras Bolívar establecía su cuartel general en los corrales de Bonza.

Batalla del pantano de Vargas

Entre el 19 y el 24 de julio ambos ejércitos quedaron separados por el río Surba, dedicados a observarse mutuamente, a complementar su instrucción y a realizar algunas escaramuzas de combate, que no tenían otro propósito que efectuar demostraciones de valor. Durante estos días, el famoso coronel Ramón Nonato Pérez, quien a causa de su indisciplina servía sin mando en el ejército patriota pero cuyo valor era temido por los españoles y apreciado por el Libertador, sufrió una caída cuando amansaba un potro cerrero. Bolívar lo envió a Soatá creyendo que el clima templado lo aliviaría, pero murió allí, asistido por un médico español. Este galeno, temeroso de que lo inculparan por su muerte, trató de huir a Venezuela pero fue alcanzado por el capitán José Bolívar, quien lo ultimó a lanzazos.

En estas circunstancias el Libertador resolvió maniobrar sobre el flanco derecho de Barreiro, con dos propósitos: seguir por el camino que por el pantano de

El 23 de julio el capitán realista Bedoya advirtió a sus hombres: "Mis amigos, hay que apretar mucho la muñeca contra éstos (insurgentes), con Bolívar están lanzas tan bravas como las de Rondón, Mellao, Carvajal, Infante, los Gutiérrez y otros cortados por esa medida".

Memorias de Elías Prieto Villate. Testigo presencial.

Vargas conduce a Tunja, para cortarle sus comunicaciones con Santafé, u ocupar las alturas del Salitre para obligarlo a pelear en desventajosas condiciones de terreno. Para este efecto había dispuesto construir varias balsas con el fin de pasar el río Grande o Sogamoso.

El pantano de Vargas es un valle ubicado entre las alturas del Salitre y el Picacho, a unos diez kilómetros al oriente de la población de Paipa, cuya parte plana está surcada por varias quebradas que alimentaban el río Sogamoso, las cuales formaban una zona pantanosa en el lado occidental del camino que, bordeando los cerros, comunicaba a Paipa con Tibasosa.

El movimiento concebido por Bolívar comenzó a ejecutarse en la madrugada del 25 de julio. Pero como su éxito dependía del sigilo y la rapidez, desde un comienzo las barcas se desbarataron y el cruce del río se demoró varias horas, circunstancia que alertó a Barreiro, quien de inmediato dispuso la salida de Paipa hacia las alturas del Salitre y del pantano de Vargas.

El combate se inició a las diez de la mañana, cuando una fracción de 40 hombres del ejército patriota destacada en las alturas del Salitre para observar al enemigo, fue copada por la vanguardia del ejército español, situación que le dio a éste tiempo y espacio para avanzar y ocupar los cerros del Cangrejo y el Picacho, que dominan el camino hacia Toca y Paipa. De tal manera, el Ejército Libertador quedó ubicado en condiciones de terreno desventajosas, dominado desde las alturas y con un obstáculo natural a sus espaldas que no le daba otra opción que la de vencer o morir.

Bolívar estaba acostumbrado a luchar en condiciones desventajosas, a veces contra la propia naturaleza, por eso, llevado por esa fuerza moral que le daba la fe en la causa de la libertad, no cedió ante esta contingencia y dispuso su ejército para el ataque de manera dosificada y conveniente. Estableció su puesto de mando sobre una pequeña altura desde la cual observó el despliegue del ejército realista.

Barreiro dispuso sus unidades de la siguiente forma: el Batallón Primero del Rey, el más numeroso y mejor dotado, sobre el cerro del Picacho que domina toda la zona, teniendo como reserva inmediata al Segundo de Numancia; el Segundo del Rey sobre el cerro del Cangrejo que controla el camino real. El Tercero de Numancia y el imponente escuadrón de Dragones como reserva en las inmediaciones de la casa de Vargas, donde estableció su puesto de mando.

El primer ataque hacia el cerro del Picacho fue el del Batallón Cazadores hacia las horas del mediodía, que duró una hora y tuvo alguna progresión, pero la defensa española, favorecida por su magnífica posición, logró rechazarlo. El Cazadores fue reforzado con el Primero de Línea de la Nueva Granada y ambos batallones iniciaron un nuevo avance; pero cuando casi coronaban la altura, el Primero del Rey, reforzado por el Numancia, nuevamente lo rechazó hacia la hondonada de la quebrada de Varguitas.

En tan desfavorable situación y como ya se había completado el cruce del río por parte de todas las unidades, Bolívar dispuso que la infantería patriota realizara un ataque general sobre todo el frente realista. Entró en combate el Rifles, el Barcelona, el Bravos de Páez y la Legión Británica, que junto con el Cazadores y el Primero de Línea avanzaron con decisión. Pero a su vez, toda la infantería realista entró en acción y rechazó este nuevo avance, quedando los patriotas en la hondonada sometidos al fuego desde las alturas.

Fue éste el momento que Barreiro creyó decisivo para acabar con la fuerza patriota y entonces envió a la carga a sus 700 dragones. Bolívar, quien desde el cerro veía rechazada su infantería y sin posibilidad de retirada, cuando no le quedaba otra reserva que 300 jinetes llaneros semidesnudos, exasperado por la situación se atrevió a exclamar delante de ellos: *se nos vino la caballería y se perdió la batalla*. El coronel Rondón, intrépido llanero que no sabía contar el número de sus enemigos sino que se lanzaba contra ellos de manera por

El teniente coronel Juan José Rondón y sus 300 jinetes llaneros fueron decisivos en la Batalla del pantano de Vargas.

demás temeraria, contestó al Libertador: *¿Cómo se ha de perder la batalla si ni yo ni mis jinetes hemos peleado? Déjenos hacer una entrada.*

Esta expresión del valiente llanero hizo volver al Libertador a su realidad heroica y le contestó con resolución y esperanza: *Vaya coronel, salve usted la patria.* Rondón bajó del cerro, y agitando su sombrero llamó a sus jinetes con una voz tan fuerte que aún parece resonar en aquel paisaje épico: *Camaradas, los que sean valientes síganme, porque en este instante triunfamos*. Catorce jinetes que alcanzaron a oír su voz se arrojaron por el camino sobre el cerrado escuadrón de Dragones, acometiéndolo con furor, y su ejemplo fue seguido por el resto de los llaneros, quienes no demoraron en acompañarlos para alancear con valor a los jinetes españoles, que al no acertar a defenderse con el mismo coraje caían arrollados por largas lanzas manejadas con una agilidad sin par.

Pronto aquel escuadrón empezó a desorganizarse, luego a retroceder y, finalmente, a huir del campo de combate mientras la infantería patriota, reanimada por tan inesperado suceso, comenzó otro avance incontenible que los llevó a coronar las alturas. El desconcertado coronel Barreiro observaba el retroceso y desconcierto de su ejército. Entonces no tuvo otra alternativa que ordenar el repliegue de sus tropas hacia las alturas del Salitre, dejando a los patriotas en poder del campo de combate.

La aproximación de la noche y la lluvia copiosa que empezó a caer impidieron la persecución de las fuerzas españolas. Así terminó la batalla más sangrienta de toda la campaña libertadora y la más heroica por todos los actos de valor que allí se dieron, no sólo de los decididos llaneros sino de todo el ejército. En primer lugar merecen destacarse los nombres de los catorce jinetes de la carga inicial de la caballería, que la historia recogió en sus páginas: teniente coronel Juan José Rondón, sargento mayor Juan Mellao, capitanes Valentín García, Miguel Lara, Domingo Mirabal y Celedonio Sánchez, tenientes José de la Cruz Paredes, Rozo Sánchez, Pablo Matute y Pedro Lancheros, subtenientes Miguel y Pablo Segovia y Bonifacio Gutiérrez, y sargentos Saturnino Gutiérrez e Inocencio Chincá. Este último sostuvo un terrible combate en los alrededores del cerro del Cangrejo con un capitán español de apellido Bedoya, quien logró herirlo de muerte, pero el llanero lo cruzó de parte a parte derribándolo del caballo. Chincá fue evacuado a Tibasosa y por el camino repetía: *Bedoya me pringó pero también se fue*. Tres días después, el heroico llanero murió.

También es digna de mencionar la valerosa conducta de los comandantes de la Legión Británica: el coronel Jaime Rooke y el sargento mayor John Mackintosh. El primero, gravemente herido, fue evacuado del campo de combate hacia una pequeña choza donde el médico dispuso la amputación de su brazo, para evitar la gangrena. Rooke, moribundo, tuvo alientos para tomar su brazo amputado y gritar: *Viva la Patria que me ha de dar sepultura*. Sobre el segundo hay un episodio poco conocido: cuando la Legión Británica atacó hacia el horizonte del cerro, uno de sus subalternos le gritó que *era imposible subir ante la granizada de balas*, a lo cual Mackintosh respondió: *Adelante, para los legionarios ingleses no existe la palabra imposible*.

Otro bravo llanero fue el teniente Juan Carvajal, apodado ese día el León del pantano de Vargas, quien junto con Rondón fueron ascendidos por Bolívar en el propio campo de batalla. Pero el más expresivo reconocimiento del valor decisivo de Rondón lo dio Bolívar un año después de esta acción, cuando escribió a Santander: *Mañana es San Rondón y yo cumplo años junto con todos mis compañeros de Vargas.*

En su parte de batalla, Barreiro dejó consignado el desarrollo de la acción de una manera bien elocuente: *La columna de reserva recibió orden de flanquearlos y la caballería de cargarlos, en el desfiladero por donde se hallaban precisados a retirarse. Su destrucción era inevitable, y tan completa que ni uno solo hubiera podido escaparse de la muerte. La desesperación les inspiró una resolución sin ejemplo. Su caballería y su infantería, saliendo de los abismos en que se hallaban, treparon por aquellos cerros con furor. Nuestra infantería, que por un ardor excesivo y por lo escarpado de la posición se hallaba desordenada, no pudo resistir sus fuerzas; sin embargo, les disputó a palmos el terreno y cedieron la posición al enemigo después de la más obstinada defensa.*

En la batalla del pantano de Vargas las pérdidas fueron grandes para ambos ejércitos, y por esta razón se retiraron a las posiciones que tenían antes de la batalla, con el fin de recuperarse. Pero las consecuencias morales de esta acción fueron tan positivas para el Ejército Libertador como negativas para el español.

En efecto, Barreiro entendió que el Ejército Libertador era invencible y en adelante sólo pensó en controlar su avance, cediéndole toda la iniciativa y libertad de acción y cuidando siempre sus comunicaciones con Santafé; quizá contaba con sus refuerzos para la batalla final.

"Desde que se promulgó la ley marcial comenzaron a presentarse reclutas en el cuartel general; pero mucho había que hacer para transformar a estos infelices cuan patriotas labriegos en soldados y darles un aspecto marcial... A pesar de todo dentro de pocos días presentaban a la distancia una apariencia imponente, y en la Batalla de Boyacá, como en todas las que se libraron después, probaron los rústicos indígenas que no tiene la América del Sur mejores soldados de infantería que ellos".

O'Leary refiriéndose a la ley marcial proferida por Bolívar en Duitama.

En cambio, el Libertador fortaleció la moral de sus hombres y pudo engrosar sus filas con el sinnúmero de reclutas que empezaron a presentarse en su cuartel general, luego de la ley marcial proclamada el 29 de julio en Duitama.

Los dos ejércitos estuvieron ocho días en las mismas posiciones anteriores a la batalla del pantano de Vargas. El realista, mermado psicológicamente, prefirió ceder el poblado de Paipa y retirarse a LomaBonita; el 3 de agosto, avanzó sobre esta población.

Luego Bolívar dejó en Paipa a la guerrilla patriota del Feliz Pabón, en la noche del día 4 simulando la presencia del ejército mientras con él en una marcha nocturna ejecutada en estricto sigilo, abandonaba la población. Por el camino de Toca se dirigió a Tunja, ciudad que ocupó en la mañana del día 5 de agosto. Así logró cortarle a su enemigo las comunicaciones con Santafé, mientras él se apoderaba del parque y municiones que los españoles tenían en la ciudad y explotaba el espíritu patriótico de sus habitantes.

Batalla del puente de Boyacá

En efecto, fue asombroso el entusiasmo que mostró la población de Tunja para atender al Ejército Libertador. Todos aportaron víveres, caballos, ganado, herramientas y toda suerte de recursos; muchos jóvenes entraron a servir en el ejército, y las damas, en dos días confeccionaron 2000 uniformes para la tropa, bordaron casacas para los oficiales y hasta les quedó tiempo para agasajarlos el 6 de agosto con un suntuoso baile. Por eso Bolívar bautizó a esta ciudad con el nombre de "taller de la libertad".

Cuando en la mañana del 5 de agosto, en Loma-Bonita, el jefe español se dio cuenta de la maniobra de su enemigo y se percató de su aislamiento con Santafé, no pensó en otra cosa que en recuperar su línea de comunicaciones con la capital del virreinato. Ese mismo día marchó hacia Motavita, pequeño ranchería ubicado al norte de Tunja, adonde llegó en las horas de la tarde. Esta marcha se efectuó en condiciones logísticas y tácticas bien adversas, pues los víveres se le habían agotado y las fuerzas guerrilleras los hostilizaron permanentemente. Para colmo, los escasos habitantes abandonaron sus ranchos llevándose lo poco que poseían, dejando al ejército realista en condiciones críticas. El único aspecto positivo fue la llegada del Batallón Tambo del Socorro.

Batalla de Boyacá. Grabado de la época. Detalle.

Cuenta la tradición que estando Bolívar en Tunja, se valió de un espía voluntario, amigo personal de Barreiro, para cerciorarse de sus intenciones. El 6 de agosto el espía se trasladó a Motavita con unas cuantas cargas de víveres que mitigaron un poco las necesidades de los oficiales realistas y le permitieron ganar su confianza. Indagado sobre las intenciones patriotas, el espía manifestó que *ellos permanecerían algunas semanas en Tunja a la espera de la caballería del coronel Moreno que venía de Casanare*. Ante esta noticia, Barreiro, entusiasmado, exclamó: *Que Bolívar se quede en Tunja que yo mañana marcho a Santafé*.

"Las fuerzas que en la actualidad tengo reunidas, no son suficientes para obrar objetivamente atacando posiciones, sin exponernos a una gran pérdida o al mal éxito de la empresa, por lo cual tengo que permanecer algunas veces observando sólo al enemigo, sin atacarlo como desearía".

Nota de Barreiro a Sámano el 31 de julio.

Al conocer el Libertador las intenciones españolas, en la mañana del 7 de agosto dispuso la formación de todo el ejército en la plaza de la ciudad, mientras él y su Estado Mayor subían al cerro de San Lázaro que domina el camino de Motavita. Su satisfacción fue grande al observar el desfile de todo el ejército enemigo, que siguió hasta la bifurcación del camino hacia Chiquinquirá y el puente de Boyacá. Cuando se cercioró de que seguía esta última dirección, dio la orden al coronel Manrique para que el ejército iniciara la marcha, *listo a combatir en cualquier momento*.

A eso de las 9 de la mañana, el Ejército Libertador inició su marcha con una fracción de caballería adelante, a las órdenes del capitán Andrés Ibarra. Le seguían los batallones Cazadores y Primero de Línea y el escuadrón de Guías de Casanare. Detrás marchó el grueso y la retaguardia, en este orden: Batallón Rifles, Legión Británica, Barcelona y Bravos de Páez, luego los escuadrones de caballería del Llanoarriba, y cerrando el desfile, la reserva compuesta por el cuerpo de milicias de Tunja y el Socorro.

El ejército español, sin sospechar el movimiento paralelo del ejército patriota, y con la mente puesta en Santafé antes que en el combate, marchaba con el Batallón Tambo y las compañías de Cazadores como cuerpos de vanguardia a las órdenes del coronel Francisco Jiménez; a prudente distancia seguía el grueso del ejército al mando directo de Barreiro, compuesto por los batallones Primero del Rey y Segundo de Numancia, la caballería, tres piezas de artillería y el Tercero de Numancia como reserva.

El escenario geográfico del área del puente de Boyacá está conformado por un valle ondulante y en declive, que desciende de norte a sur desde el pie de las alturas del Tobal hasta el río Teatinos o Boyacá que corre de occidente a oriente, donde se precipita en un descenso brusco. Al sur está delimitado por un terreno ondulado, con algunas alturas que lo separan de Ventaquemada. En la casa de teja confluían el camino real de Tunja a Santafé, y el de Samacá. Sobre el primero marchaba el Ejército Libertador, y sobre el segundo lo hacía el realista. La vegetación estaba constituida por campos cultivados en el valle, y por arbustos y árboles en las cañadas y alturas dominantes.

A las once de la mañana la vanguardia española llegó a la casa de teja, y su comandante dispuso el almuerzo, sin sospechar lo que se aproximaba. El día era frío y la niebla no permitía la observación. De pronto aparecieron los primeros jinetes de descubierta patriota, y el español, pensando que se trataba de alguna guerrilla que quería hostilizarlos durante el rancho, ordenó que una compañía de cazadores la dispersara, mientras el resto continuaba almorzando. Cuál no sería su sorpresa al ver surgir de entre la niebla la vanguardia patriota, desplegada en formación de combate y dispuesta al ataque.

El jefe de la vanguardia realista apenas tuvo tiempo de organizar una débil resistencia en la casa de teja, y luego en unos paredones al sur, para lograr pasar el puente y organizarse defensivamente en la orilla sur del río Teatinos, presionado por los batallones Cazadores y Primero de Línea del ejército patriota.

Al oír los primeros disparos, Barreiro apresuró la marcha para tomar contacto con su vanguardia. Pero sus esfuerzos fueron vanos porque el Batallón Rifles y la Legión Británica se interpusieron, desarticulando

Batalla del puente de Boyacá. Grabado de la época.

desde un principio al ejército realista, que no lograba salir del desconcierto. De esta manera ambas vanguardias quedaron enfrentadas sobre el puente, mientras el grueso de los ejércitos quedó sobre el valle, pugnando el realista por acceder al río Teatinos, y el patriota por contenerlo.

Desvertebrado el ejército realista, desde un comienzo la sorpresa fue determinando su desmoralización y desorganización. Viendo la situación tan comprometida, y sin entrar en combate, gran parte de la caballería al mando del coronel Esteban Díaz prefirió huir por el camino de Samacá a Chiquinquirá y Honda. Su grueso y retaguardia, atacados en forma de herradura por la infantería de Anzoátegui y por la caballería de Rondón, empezó a desbandarse y a intentar la huida.

Mientras tanto, la vanguardia patriota presionaba el ataque por el puente a la espera de que los jinetes del Guías de Casanare, guiados por unas lavanderas, vadearan el río por el oriente para acometer a Jiménez por la retaguardia. Cuando esto sucedió, el Batallón Cazadores cruzó el puente y desorganizó la defensa realista, cuyos hombres empezaron a dispersarse y a rendirse.

"El enemigo que aún no había podido descubrir nuestras fuerzas, y que creyó que lo que se le oponía era un cuerpo de observación lo hizo atacar con sus cazadores, para alejarlo del camino, mientras que el cuerpo del ejército seguía su movimiento. Nuestras divisiones aceleraron la marcha, y con gran sorpresa del enemigo se presentó toda la infantería en columnas sobre la altura que dominaba su posición".

Parte oficial de la batalla.

De tal suerte, tanto la vanguardia como la retaguardia fueron copadas por todas partes y derrotadas por completo, salvándose sólo unos pocos. El comandante de la Tercera División realista, que había logrado esconderse detrás de unas piedras, fue tomado prisionero por el soldado del Rifles Pedro Pascacio Martínez, natural de Belén de Cerinza, quien con otro compañero, después de rechazar un soborno ofrecido por el español en monedas de oro, se lo entregó personalmente a Bolívar. Esta acción le mereció de inmediato su ascenso a sargento.

En esta batalla, el Ejército Libertador apenas tuvo 13 muertos y 53 heridos, contándose entre los primeros el capellán de la vanguardia, fray Miguel Díaz. En

"Todo el ejército enemigo quedó en nuestro poder: fue prisionero el general Barreiro, comandante general del ejército de la Nueva Granada, a quien tomó en el campo de batalla el soldado del primero de Rifles Pedro Martínez. Fué prisionero su segundo el general Jiménez, casi todos los comandantes y mayores de los cuerpos, multitud de subalternos y más de 1.600 soldados, armamento, etc."

Parte oficial de la batalla.

su poder quedaron la mayoría de los oficiales españoles, y 1600 soldados con todo su armamento, artillería y equipo de combate.

Cuenta la tradición que cuando Bolívar observó parte de la desbandada del ejército realista hacia el camino de Samacá, empeñó la reserva constituida por las milicias de Tunja y del Socorro en la labor de tomar prisioneros, y envió en esa dirección al capitán de Dragones Juan Mellao, para cerrar el camino a los fugitivos. A los que lograba capturar, Mellao les hacía pronunciar la palabra corazón. Si lo hacían con acento español eran fusilados de inmediato.

Sámano fue notificado del desastre español en la noche del 8 de agosto por parte del coronel Aparicio, quien había logrado salir a tiempo de Boyacá gracias a su cabalgadura. De inmediato, el virrey ordenó prender fuego al parque que no pudiera ser llevado por el coronel Calzada, a quien ordenó salir hacia el sur con las tropas que guarnecían la capital. Mientras tanto, él, acompañado de sus sirvientes y disfrazado de paisano, salía apresuradamente hacia Honda con rumbo a Cartagena.

Rendición de Barreiro ante Bolívar. Óleo sobre lienzo de J. N. Cañarete. Detalle.

Otros españoles que vivían en la capital no tuvieron el mismo tiempo de Sámano y abandonaron la ciudad sin poder llevar consigo mayores recursos. Pero los que no lo lograron tuvieron que quedarse al amparo de la clemencia de los libertadores.

El desorden y el desgobierno de la ciudad precipitaron a Bolívar a avanzar rápidamente sobre ella, escoltado por un escuadrón de caballería. En la tarde del 10 de agosto cumplía su deseo en medio del entusiasmo de los habitantes, que al fin tenían la oportunidad de ver la independencia de su país y gozar del derecho a la libertad.

Consecuencias de la batalla

Desde el punto de vista militar, la batalla del puente de Boyacá fue un combate de encuentro, en el cual la elevada moral del Ejército Libertador y la sorpresa decidieron el éxito desde el comienzo. Algunos sostienen que casi fue una emboscada, tanto porque el ejército español ya estaba desmoralizado, pues antes de la batalla tenía fincadas sus esperanzas en los refuerzos de Santafé o combatir allí con mejores perspectivas, como porque el precedente del pantano de Vargas había desequilibrado psicológicamente su espíritu combativo. Por esta razón, por el poco tiempo que duró la batalla de Boyacá y por el escaso número de bajas que se presentaron en ella, algunos le otorgan mayor importancia a la batalla del pantano de Vargas.

Pero son los resultados y no el desarrollo ni las proporciones de una acción bélica los que determinaron su grandeza militar y trascendencia histórica. Por tal motivo, la Batalla de Boyacá fue la que definió el curso de la campaña libertadora, porque le permitió a Bolívar alcanzar el objetivo estratégico trazado desde las llanuras araucanas.

La consecuencia inmediata de la Batalla del puente de Boyacá fue la destrucción total de la Tercera División realista que defendía el virreinato de la Nueva Granada. Porque este hecho, además de reducir al ejército español y ocasionar su desmoralización, le permitió a Bolívar acrecentar sus fuerzas. En los cuerpos realistas había muchos americanos obligados a servir como soldados pero en el puente de Boyacá a Bolívar no le costó persuadirlos de que tomaran las armas de la Patria y organizarlos al mando de oficiales del Ejército Libertador.

Batalla de Boyacá. Obra de Martín Tovar y Tovar.

> *"Bolívar en un solo día acaba con el fruto de cinco años de campañas y en una sola batalla reconquista lo que las tropas del rey ganaron en muchos combates".*
>
> Carta de Morillo, ministro de Guerra, después de Boyacá.

Pero la consecuencia más importante fue la huida de Santafé del virrey Sámano, en la noche del 9 de agosto, cuando tuvo noticias de la derrota de Barreiro en el puente de Boyacá. Con él desapareció el poder político de España en la Nueva Granada y empezó a regir el gobierno republicano, independiente y democrático, para el cual el Libertador encontró al hombre más apropiado, el general Francisco de Paula Santander, a quien designó como vicepresidente.

Bajo la administración del "hombre de las leyes", de manera inmediata y contundente fueron alcanzando su independencia las restantes provincias de la Nueva Granada, a medida que avanzaban los ejércitos de la libertad. Las provincias del Socorro y Cúcuta, con el avance de las columnas de los coroneles Morales y Fortoul y luego de la división del general Anzoátegui; y la de Antioquia con la columna del coronel José María Córdova; el bajo Magdalena con esta misma columna y la del coronel Hermógenes Maza. Las acciones de estos dos valerosos soldados concluyeron en territorio colombiano con la toma de Cartagena, bajo las órdenes del general Montilla. El sur se demoró un poco más en obtener su libertad, dado el espíritu realista de sus moradores. Bolívar tuvo que ir hasta allí con lo más granado del Ejército Libertador.

ESTADO MAYOR GENERAL. EXTO. LIBERTADOR DE N. G.

Boletin Núm.º 4.º

Batalla de Boyacá.

AL amanecer del dia de ayer dieron parte los Cuerpos abansados de que el enemigo estaba en marcha por el camino de Samacá; el Exército se puso sobre las armas, y luego que se reconoció que su intencion era pasar el Puente de Boyacá para abrir sus comunicaciones directas, y ponerse en contacto con la Capital, marchó por el camino principal para impedírselo, ò forzarlo á admitir la batalla.

A las dos de la tarde la primera Division enemiga llegaba al puente, quando se dejò ver nuestra descubierta de Caballería. El enemigo que no habia podido aún descubrir nuestras fuerzas, y que creyó que lo que se le oponia era un Cuerpo de observacion, lo hizo atacar con sus Cazadores, para alejarlo del camino, mientras que el Cuerpo del Exército seguia su movimiento. Nuestras Divisiones aceleraron la marcha, y con gran sorpresa del enemigo se presentó toda la Infantería en columna sobre una altura que dominaba su posicion. La Vanguardia enemiga habia subido una parte del camino persiguiendo nuestra descubierta, y el resto del Exército estaba en el bajo aun quarto de legua del puente, y presentaba una fuerza de 3000 hombres.

El Batallon de Cazadores de nuestra Vanguardia desplegó una compañia en guerrilla, y con las demas en columna atacó á los Cazadores enemigos, y los obligó á retirarse precipitadamente hasta un paredon, de donde fueron tambien desalojados; pasaron el puente y tomaron pocisiones del otro lado: entre tanto nuestra Infantería descendia, y la Caballería marchaba por el camino.

El enemigo intentó un movimiento por su derecha, y se le opusieron los Rifles y la Compañia Inglesa. Los Batallones primero de Barcelona, y Bravo de Paez con el Esquadron de Caballería del llano arriba marcharon por el centro. El Batallon de Línea de Nueva Granada, y los Guias de retaguardía se reunieron al Batallon de Cazadores y formaban la izquierda. La columna de Tunja, y la del Socorro, quedáron en reserva.

En el momento se empeñó la accion en todos los puntos de la Linea. El Señor General Anzuategui dirigia las operaciones del centro y de la derecha: hizo atacar un Batallon, que el enemigo habia desplegado en guerrilla en una cañada, y lo obligó á retirarse al Cuerpo del Exército, que en columna sobre una altura con tres piezas de Artillería al centro, y dos Cuerpos de Caballería á los costados aguardó el ataque. Las Tropas del centro despreciando los fuegos que hacian algunos cuerpos enemigos citutuados sobre su flanco izquierdo atacaron la fuerza principal. El enemigo hacía un fuego terrible; pero nuestras Tropas con movimientos los mas audáces y executados con la mas extricta disciplina embolvieron todos los Cuerpos enemegos. El esquadron de Caballeria del Llano arriba cargó con su acostumbrado valor y desde aquel momento todos los esfuerzos del General Español fueron infructuosos: perdió su posicion. La Compañia de Granaderos á caballo toda de Españoles fué la primera que cobardemente abandonò el Campo de Batalla. La Infanteria trató de rehacerze en otra altura, y fué inmediatamente destruida. Un Cuerpo de Caballería que estaba en reserva aguardó la nuestra con las lanzas caladas, y fué despedazado á lanzazos; y todo el Exército Español en completa derrota, y sercado por todas partes despues de sufrir una grande mortandad, rindió sus armas y se entregó.

Pricionero casi simultaneamente, el Señor Gral. Santander que dirigia las operaciones de la izquierda, y que habia encontrado una resistencia temeraria en la Vanguardia enemiga, á la que solo le habia puesto sus Cazadores, cargò con unas compañias del Batallon de Linea, y los Guias de retaguardia, pasó el Puente y completó la victoria.

Todo el Exèrcito enemigo quedó en nuestro poder; fué pricionero el General Barreyro, Comandante Gral. del Exército de Nueva Granada, á quien tomó en el campo de Batalla el soldado del primero de Rifles Pedro, Martinez; fué pricionero su segundo el Coronel Ximenez; casi todos los Comandantes y Mayores de los cuerpos, multitud de subalternos, y mas de 1600 soldados: todo su armamento, municiones, Artillería, Caballería, &c. Apenas se han salvado 50 hombres entre ellos algunos Xefes, y Oficiales de Caballería, que huyeron ántes de disidirse la accion.

El General Santander con la Vanguardia, y los Guias de Retaguardia siguió en el mismo acto en persecucion de los dispersos hasta este sitio; y el Gral. Anzuategui con el resto del Exército permaneció toda la noche en el mismo campo.

No son calculables las ventajas que ha conseguido la República con la gloriosa victoria obtenida ayer. Jamás nuestras Tropas habian triunfado de un modo mas disicivo, y pocas veces habian conbatido contra tropas tan disiplinadas, y tan bien mandadas.

Parte de la victoria patriota en la Batalla de Boyacá.

«Gaceta de Santafé de Bogotá», No. 1, del 15 de agosto de 1819.

En el campo administrativo y logístico se dio otra consecuencia de gran significación, derivada de la anterior. La Nueva Granada, con el general Francisco de Paula Santander como vicepresidente, gracias a su asombrosa actividad se convirtió en la fuente humana material y moral que alimentó la guerra de independencia en todas direcciones, pero con el esfuerzo principal hacia Venezuela y el sur de la Nueva Granada.

"Puede decirse que la libertad de la Nueva Granada ha asegurado de un modo infalible la de toda la América del Sur".

Bolívar en Bogotá, el 11 de agosto de 1819.

Luego, cuando aún resonaban los clarines de Carabobo, se formalizó la República de Colombia con la unión de la Nueva Granada, Venezuela, Panamá y Ecuador, que conocemos como la Gran Colombia. Este hecho se formalizó en la Constitución de 1821, formulada por el Congreso de la Villa del Rosario de Cúcuta, que se constituyó en el pilar fundamental de nuestra posterior vida republicana y jurídica.

Pero el triunfo de Boyacá repercutió con fuerza en la propia España, donde también había liberales que aprovecharon esta noticia para alzarse contra el absolutismo de Fernando VII. El 1° de enero de 1820, los coroneles Rafael del Riego y Antonio Quiroga, comandantes de un regimiento y de un batallón de los que conformaban el segundo ejército expedicionario de 22.000 hombres que en Cádiz se aprestaba a embarcar a tierra firme, proclamaron la Constitución de

1812 e iniciaron una revolución que llevó al Rey a jurarla por segunda vez, y que dio lugar a un armisticio con los patriotas americanos y a un tratado que puso fin al régimen de la guerra a muerte.

Por último, la batalla de Boyacá permitió al Ejército Libertador ubicarse geográficamente en posición central, entre las fuerzas españolas de Venezuela y del Perú, con lo cual logró su dislocamiento y desequilibrio. Por eso las posteriores campañas de Carabobo, Bomboná, Pichincha, Junín y Ayacucho, fueron consecuencias de la de Boyacá.

Documento

Boletín del Ejército Libertador de la Nueva Granada. Batalla de Boyacá (Del archivo).

Al amanecer del día de ayer dieron parte los cuerpos avanzados de que el enemigo estaba en marcha por el camino de Samacá; el ejército se puso sobre las armas, y luego que se reconoció que la intención del enemigo era pasar el puente de Boyacá para abrir sus comunicaciones directas, y ponerse en contacto con la capital, marchó por el camino principal para impedírselo, o forzarlo a admitir la batalla.

A las dos de la tarde la primera división enemiga llegaba al puente, cuando se dejó ver nuestra descubierta de caballería. El enemigo, que no había podido aún descubrir nuestras fuerzas, y que creyó que lo que se le oponía era un cuerpo de observación, lo hizo atacar con sus cazadores, para alejarlo del camino, mientras que el cuerpo del ejército seguía su movimiento.

Nuestras divisiones aceleraron la marcha, y con gran sorpresa de los enemigos se presentó toda la infantería en columna sobre una altura que dominaba su posición. La vanguardia enemiga había subido una parte del camino persiguiendo nuestra descubierta, y el resto del ejército estaba en el bajo a un cuarto de legua del puente, y presentaba una fuerza de 3.000 hombres.

El batallón *Cazadores* de nuestra vanguardia desplegó una compañía en guerrilla, y con las demás en columna atacó a los cazadores enemigos, y los obligó a retirarse precipitadamente hasta un paredón, de donde fueron también desalojados: pasaron el puente y tomaron posiciones del otro lado; entretanto nuestra infantería descendía, y la caballería marchaba por el camino.

El enemigo intentó un movimiento por su derecha, y se le opusieron los *Rifles* y una compañía inglesa. Los batallones *1° de Barcelona*, y *Bravos de Páez*, con el escuadrón de caballería del *Llanoarriba*, marcharon por el centro. El batallón de línea de Nueva Granada y los *Guías* de retaguardia se reunieron al batallón de *Cazadores* y formaban la izquierda. La columna de Tunja y la del Socorro quedaron en reserva.

En el momento se empeñó la acción en todos los puntos de la línea. El señor general Anzoátegui dirigía las operaciones del centro y de la derecha: hizo atacar un batallón que el enemigo había desplegado en guerrilla en una cañada, y lo obligó a retirarse al cuerpo del ejército, que, en columna sobre una altura, con tres piezas de artillería al centro y dos cuerpos de caballería a los costados, aguardó el ataque. Las tropas del centro, despreciando los fuegos que hacían algunos cuerpos enemigos situados sobre su flanco izquierdo, atacaron la fuerza principal. El enemigo hacía un fuego terrible: pero nuestras tropas, con movimientos los más audaces y ejecutados con la más estricta disciplina, envolvieron todos los cuerpos enemigos. El escuadrón de caballería del Llanoarriba cargó con su acostumbrado valor y desde aquel momento todos los esfuerzos del general español fueron infructuosos: perdió su posición. La compañía de *Granaderos a caballo* (toda de españoles) fue la primera que cobardemente abandonó el campo de batalla. La infantería trató de rehacerse en otra altura, pero fue inmediatamente destruida. Un cuerpo de caballería que estaba en reserva aguardó la nuestra con las lanzas caladas, y fue despedazado a lanzazos; y todo el ejército español en completa derrota y cercado por todas partes después de sufrir una grande mortandad, rindió sus armas y se entregó prisionero. Casi simultáneamente el señor general Santander, que dirigía las operaciones de la izquierda, y que había encontrado una resistencia temeraria en la vanguardia enemiga, a la que sólo le había opuesto sus *Cazadores*, cargo con una compañía del batallón de línea y los *Guías* de retaguardia, pasó el puente y completó la victoria.

Todo el ejército enemigo quedó en nuestro poder; fue prisionero el general Barreiro, comandante general del ejército de Nueva Granada, a quien tomó en el campo de batalla el soldado del *1° de Rifles*, Pedro Martínez; fue prisionero su segundo el coronel Jiménez, casi todos los comandantes y mayores de los cuerpos, multitud de subalternos y más de 1.600 soldados; todo su armamento, municiones, artillería, caballería, etc.: apenas se han salvado 50 hombres, entre ellos algunos jefes y oficiales de caballería que huyeron antes de decidirse la acción.

El general Santander con la vanguardia y los *Guías* de retaguardia, siguió en el mismo acto en persecución de los dispersos hasta este sitio: y el general Anzoátegui con el resto del ejército permaneció toda la noche en el mismo campo.

No son calculables las ventajas que ha conseguido la República con la gloriosa victoria obtenida ayer. Jamás nuestras tropas habían triunfado de un modo más decisivo, y pocas veces habían combatido con tropas tan disciplinadas y tan bien mandadas.

Nada es comparable a la intrepidez con que el señor general Anzoátegui, a la cabeza de dos batallones, y un escuadrón de caballería, atacó y rindió al cuerpo principal del enemigo. A él se debe en gran parte la victoria. El señor general Santander dirigió sus movimientos con acierto y firmeza. Los batallones *Bravos de Páez*, y *1° de Barcelona* y el escuadrón del *Llanoarriba* combatieron con un valor asombroso. Las columnas de Tunja y el Socorro se reunieron a la derecha al decidirse la batalla. En suma, su excelencia ha quedado altamente satisfecho de la conducta de todos los jefes, oficiales y soldados del ejército libertador en esta memorable jornada.

Nuestra pérdida ha consistido en 13 muertos y 53 heridos; entre los primeros, el teniente de caballería N. Pérez y el reverendo padre fray Miguel Díaz, capellán de vanguardia; y entre los segundos, el sargento mayor José Rafael de las Héras, el capitán Jhuson y el teniente Rivero.

Cuartel general en jefe en Ventaquemada, a 8 de agosto de 1819. _9.°_

El general jefe, *Carlos Soublette*.

Bibliografía

BERNAL MEDINA, Rafael. *Ruta de Bolívar.* Bogotá, Edit. Lumen, 1949.

BLANCO, Eduardo. *Venezuela heroica.* Caracas, Edit. Madrid, 1970.

CORTÁZAR, Roberto. *Correspondencia dirigida al general Santander.* 9 vols. Bogotá, Edit. Voluntad, 1964-1967.

DÍAZ DÍAZ, Oswaldo. *La reconquista española. Historia Extensa de Colombia.* Vol 6, Tomo 2. *Contribución de las guerrillas a la campaña libertadora (1817-1819).* Academia Colombiana de Historia. Bogotá, Edit. Lerner, 1964 y 1967.

ENCINA, Francisco. *Bolívar y la independencia de la América española.* 6 volúmenes, Santiago de Chile, Edit. Nascismento, 1956.

GALVIS MADERO, Luis. *La Gran Colombia. Historia Extensa de Colombia.* Vol. VII. Academia Colombiana de Historia. Bogotá, Edit. Lerner, 1970.

HENAO, Jesús María y Gerardo Arrubla. *Historia de Colombia.* 8a edición. Bogotá, Edit. Voluntad, 1967.

HISPANO, Cornelio. *Colombia en la guerra de Independencia.* Bogotá, Edit. Arboleda y Valencia, 1914.

IBÁÑEZ SÁNCHEZ, José Roberto. *Historia de las Fuerzas Militares de Colombia.* Vol. 1. Ejército V, La Independencia. Bogotá, Edit. Planeta, 1993.

LECUNA, Vicente. *Crónicas razonadas de las guerras de Bolívar.* 3 volúmenes, New York, The Colonial Press Inc., 1950.

LECUNA, Vicente. *Las Cartas del Libertador.* 2da. Edición, 6 vols. Caracas, Edit. Italgráfica, 1964.

LIÉVANO AGUIRRE, Indalecio. *Bolívar.* 6a edición. Bogotá, Edit. Oveja Negra, 1987.

LÓPEZ, Manuel Antonio. *Recuerdos Históricos de la Guerra de Independencia.* Bogotá, Imprenta Nacional, 1955.

LÓPEZ, CONTRERAS, Eleázar. *Bolívar, conductor de tropas.* Bogotá, Imprenta de las Fuerzas Militares, 1945.

LOZANO CLEVES, Alberto. *Así se hizo la Independencia.* 2 vols. Bogotá, Edit. Iris, 1959 y 1961.

O'LEARY, Daniel Florencio. *Memorias y documentos.* 32 vols., Caracas, Imprenta de la Gaceta Oficial, 1879-1888.

PEÑUELA CAYO, Leonidas. *Álbum de Boyacá.* Tunja, Imprenta Departamental, 1970.

PLAZAS OLARTE, Guillermo. *Historia Militar. La Independencia (1819-1828), Historia Extensa de Colombia.* Vol. XVIII, Tomo 3. Academia Colombiana de la Historia. Bogotá, Edit. Lerner, 1971.

PORRAS TROCONIS, Gabriel. *Campañas bolivarianas de la libertad.* Caracas, Imprenta Nacional, 1953.

RESTREPO, Manuel José. *Historia de la revolución en la República de Colombia.* 8 Vols. Biblioteca Popular de Cultura Colombiana. Bogotá, Ministerio de Educación Nacional, 1942-1950.

VALENCIA TOVAR, Álvaro. *Armas e historia.* Bucaramanga, Imprenta Departamental de Santander, 1971.

Cronología

Campaña Libertadora de la Nueva Granada

1815

Latinoamérica	Situación mundial
En abril llegó a la isla de Margarita, en Venezuela, la expedición española de más de 10.000 hombres bajo el mando del general Pablo Morillo, con el fin de someter la revolución independentista y demoliberal de Hispanoamérica.	Derrotado decisivamente Napoleón en Waterloo, las potencias vencedoras se reunieron en el Congreso de Viena donde conformaron la "Santa Alianza", cuyo fin primordial fue el de proteger el absolutismo monárquico de cualquier nuevo intento revolucionario. España se apoyó en ella para recuperar sus colonias en América.
El 22 de diciembre fue ejecutado en México el cura José María Morelos, caudillo de la independencia de ese país, hecho que paralizó temporalmente la revolución, la cual se redujo sólo a movimientos guerrilleros.	
En el alto Perú, hoy Bolivia, comenzó "la guerra de las republiquetas", que duró cinco años. En ella los indios y mestizos acaudillados por jefes politico-militares regionales y locales, hostigaron y desgastaron al ejército español, hasta propiciar la renuncia de su jefe, el general José de Laserna.	

	Campaña Libertadora de la Nueva Granada
1816	
1817	

Latinoamérica	Situación mundial
Bolívar en las Antillas, con apoyo de Luis Brión y del presidente de Haití, Alejandro Petión, organizó las dos expediciones de los Cayos. La primera fracasó por rivalidades caudillistas, pero la segunda, que zarpó de los cayos de San Luis el 6 de diciembre, tuvo éxito. Comenzó la lucha contra la invasión portuguesa en la Banda Oriental (Uruguay), la cual, después de más de tres años, obligó a José Artigas a retirarse al Paraguay.	
El general José de San Martín con el ejército de los Andes, en una operación militar concebida y ejecutada magistralmente, pasó la cordillera y el 12 de febrero derrotó al realista en la batalla de Chacabuco. En abril se reactivó en México la revolución de independencia con la expedición del guerrillero Francisco Javier Mina, quien fue capturado en octubre y fusilado el 11 de noviembre.	Inglaterra, en plena revolución industrial y dueña de los mares del mundo, comenzó a apoyar veladamente la independencia de Hispanoamérica. Varios contingentes de veteranos, de jóvenes idealistas o aventureros de la Gran Bretaña y de otros países europeos, vinieron a luchar por la independencia americana. En la campaña libertadora de la Nueva Granada participaron cerca de 300 legionarios, al mando de James Rooke y de John Mackintosh. Durante este año y el siguiente, tuvo su máxima expresión la guerra

Campaña Libertadora de la Nueva Granada

1818 **(Agosto)** A comienzos del mes, Bolívar concibió la idea de libertar la Nueva Granada. Para el efecto, el 12 ascendió al coronel Santander a general de brigada, y lo destinó a Casanare a organizar una división: el 26 zarpó de Angostura con los oficiales neogranadinos que servían en Venezuela, 800 fusiles, suficiente parque y municiones.

(Noviembre) El 27, luego de una difícil y demorada travesía, Santander llegó a Casanare, se hizo conocer de todos los jefes y se entregó a organizar la división neogranadina que habría de constituir la vanguardia del Ejército Libertador.

1819 **(Febrero)** El 15, Bolívar pronunció un discurso ante el congreso reunido en Angostura, presidido por el neogranadino Francisco Antonio Zea, en el cual trazó los fundamentos políticos del nuevo Estado.

(Abril) El día 2, como preámbulo glorioso de la campaña sobre la Nueva Granada, el general José Antonio Páez derrotó, con sólo 150 jinetes, a la caballería realista en el combate de las Queseras del Medio.

Durante este mes, con tácticas dilatorias de hostigamiento y desgaste, Santander derrotó a la columna realista del coronel José María Barreiro que intentó invadir Casanare, la cual disminuida y maltrecha, tuvo que regresar a Tunja.

Latinoamérica	Situación mundial
	de independencia de Grecia contra la ocupación del imperio otomano, que llevaba más de tres siglos y medio.
Después de haber sido proclamada la independencia de Chile el 12 de febrero, el general José de San Martín selló la libertad de ese país en la batalla de Maipú, el 5 de abril. Bolívar realizó la campaña de Venezuela, que terminó en una derrota y lo llevó a replantear sus objetivos politico-estratégicos.	
El congreso argentino, de acuerdo con los deseos de Buenos Aires, emitió la primera constitución unitaria y centralista que provocó la separación de algunas provincias.	Después de haber ocupado Estados Unidos parte de la Florida, obtuvo de España su cesión por la suma de cinco millones de dólares. Así prosiguió Norteamérica su extraordinaria expansión territorial, desarrollo industrial y crecimiento económico.

Campaña Libertadora de la Nueva Granada

(Mayo) El 23, en la Aldea de Setenta a orillas del Apure, Bolívar, notificado del brillante estado de la división de Santander en Casanare, convocó una junta de guerra para definir el plan de campaña sobre la Nueva Granada.

El 27 el ejército de Bolívar inició la marcha desde Mantecal.

(Junio) Los días 4 y 5 Bolívar con su ejército cruzó el río Arauca y entró a territorio neogranadino.

El 12 se reunieron en Tame, Bolívar y Santander. Allí se reorganizó el ejército y se concretó el plan de campaña por la vía de Paya y el páramo de Pisba.

El 17, desde Tame, inició la marcha todo el Ejército Libertador con la división de Vanguardia a la cabeza; el 19 comenzó a cruzar el río Casanare, en cuyo crecido caudal se ahogaron muchas mulas con parque, caballos y bestias de carga.

El 23 la vanguardia empezó a marchar desde Pore, capital de la provincia de Casanare, cruzó con alguna dificultad el río Pauto, y el 25 entró a Morcote, mientras la retaguardia alcanzaba Pore.

El 27 el general Santander con la vanguardia libró el combate de Paya contra un fuerte destacamento realista, y abrió la ruta de Pisba.

El 29, ante las penalidades sufridas por el ejército, en especial los llaneros, en el llano de Miguel, Bolívar reunió a jefes y oficiales para definir la continuación de la marcha.

(Julio) Entre el 1 y el 2 cruzó el páramo de Pisba la División de Vanguardia, y el Batallón Cazadores alcanzó el pueblo de Socha. La mayor parte del grueso y la retaguardia del ejército cruzó el páramo entre los días 3 y 6, en medio de muchas penalidades.

Latinoamérica	Situación mundial

Campaña Libertadora de la Nueva Granada

El día 7, un destacamento patriota sorprendió en la población de Corrales a una avanzada realista. Los que lograron escapar fueron a dar aviso a los mandos de la tercera División realista.

El 10, una partida patriota fue sorprendida en Corrales por la vanguardia del ejército de Barreiro; hechos prisioneros 36 soldados, fueron cruelmente ejecutados en el sitio de la Ramada, cerca de Sogamoso.

El 11, los dos ejércitos se encontraron en las peñas de Gámeza y Tópaga, donde libraron un combate sangriento e indeciso. Entre las bajas patriotas más sentidas se contó la del coronel Antonio Arredondo.

Entre el 16 y 18 Bolívar se movió de Tasco a Belén, Cerinza y Duitama. Barreiro lo hizo al día siguiente de Tópaga a Paipa.

El 25 de julio se realizó la Batalla del pantano de Vargas, una de las más cruentas de la guerra de independencia, donde Bolívar, después de tenerla perdida, logró el triunfo gracias al heroísmo del coronel Rondón, de los llaneros, de la infantería y de la Legión Británica.

El 27, Bolívar en Duitama profirió la ley marcial por la cual llamó a las armas a todos los hombres entre los 15 y los 40 años.

(Agosto) Bolívar atacó Paipa el día 3, ocupó la población y Barreiro retrocedió a Loma Bonita.

El 4, en las horas de la noche, el Ejército Libertador abandonó Paipa y por el camino de Toca ocupó la ciudad de Tunja al día siguiente. Barreiro, enterado del movimiento, inició el 5 la marcha a Motavita.

Latinoamérica	Situación mundial

Campaña Libertadora de la Nueva Granada

El 5 y el 6 el Ejército Libertador permaneció en Tunja, cuyos habitantes se dedicaban a satisfacer las necesidades logísticas de oficiales y tropa; Bolívar bautizó la ciudad como "el taller de la libertad".

El 7 Bolívar libró la Batalla de Boyacá, en la cual derrotó de manera decisiva a la Tercera División realista de la Nueva Granada. Así nació, de hecho, la República de Colombia.

El 8, en las horas de la noche, Sámano fue notificado de la derrota de Boyacá y huyó por el camino de Honda a Cartagena, dejando el poder político de la Nueva Granada en manos del Ejército Libertador.

El 10, Bolívar entró triunfante a la ciudad de Santafé de Bogotá, donde organizó el gobierno bajo la vicepresidencia de Santander.

En el curso del mes Bolívar envió columnas en distintas direcciones para perseguir a los fugitivos y dar libertad al resto de las provincias: Antonio Obando en dirección a Popayán, Córdova hacia Antioquia, Maza por el Magdalena y el cuerpo principal se dirigió hacia Venezuela por las provincias del Socorro y Pamplona.

(Diciembre) El 17, en Angostura, se expidió la ley fundamental de la República de Colombia.

1820

Latinoamérica	Situación mundial
A comienzos de enero se tuvo conocimiento en España del triunfo de Bolívar en Boyacá, ante lo cual se inició una revolución liberal que obligó a Fernando VII a volver a jurar la Constitu-	

Campaña Libertadora de la Nueva Granada

1821

Latinoamérica	Situación mundial
ción de Cádiz de 1812, y a pactar un armisticio con los "insurgentes" americanos. El 8 de septiembre llegó a las costas del Perú una expedición de 4000 hombres procedentes de Valparaíso, al mando del general José de San Martín, con el fin de luchar por su independencia. El 9 de octubre el pueblo de Guayaquil se insurreccionó contra la autoridad española y proclamó la independencia.	
El 26 de abril, Juan VI, rey de Portugal, regresó a Lisboa y dejó a su hijo Pedro como regente del Brasil. El 24 de junio Bolívar derrotó en Carabobo al ejército realista del general Latorre, y consolidó la independencia de Venezuela como uno de los tres departamentos de Colombia. El 15 de septiembre la capitanía general de Guatemala declaró su independencia de España, y redactó el Acta de Emancipación de Centroamérica.	

Campaña Libertadora de la Nueva Granada

1822

Latinoamérica	Situación mundial
El 1 de diciembre los dominicanos acaudillados por José Nuñez de Cáceres proclamaron el estado independiente.	
El 24 de mayo el general Antonio José de Sucre venció al ejército realista del general Melchor Aymerich en Pichincha, y consolidó la independencia de Quito como el tercer departamento de Colombia. El 28 de julio, después de haber ocupado Lima, el general José de San Martín proclamó la independencia del Perú. El poder español se mantuvo intacto en la Sierra con un ejército de 20.000 hombres. El 7 de septiembre, en Ipiranga, Pedro I proclamó la independencia del Brasil y se coronó emperador el 1 de diciembre. Del 26 al 27 de julio, los dos grandes libertadores de la América de Sur, Bolívar y San Martín, se entrevistaron en Guayaquil. El primero prosi-	El 4 de mayo el gobierno de los Estados Unidos presidido por James Monroe, reconoció la independencia de los nuevos estados hispanoamericanos.

	Campaña Libertadora de la Nueva Granada
1823	
1824	

Latinoamérica	Situación mundial
guió como caudillo de la guerra en el Perú, y el segundo se retiró de la escena política.	
El 19 de marzo, Agustín Iturbide, quien el año anterior habia sido proclamado emperador de México, tuvo que abdicar. Desterrado a Italia, su imperio fue declarado nulo. El 24 de julio la escuadra patriota al mando del general José Padilla derrotó a la realista en la batalla naval del lago de Maracaibo, con lo cual se consolidó la libertad de Venezuela.	Como reacción contra la Santa Alianza, el presidente de los Estados Unidos, James Monroe proclamó la doctrina proteccionista que tomó su nombre, en la cual rechazó cualquier intervención de Europa en América.
El 6 de agosto Bolívar derrotó en Junín al ejército realista; el 9 de diciembre lo hizo el general Sucre en la Batalla de Ayacucho que selló la independencia de América del Sur.	